Branches with Almond Blossom

Vincent van Gogh

Regular and Large Print
Cross Stitch Pattern

Serenity Stitchworks

www.SerenityStitchworks.com

A PowerHouse Imaging, Ltd. Company

Branches with Almond Blossom Cross Stitch Pattern

Pattern Details

Design Size:
324w x 260h stitches

Types of Stitches:
Full stitches only, no half or quarter stitches, no backstitching

Level of Difficulty:
Advanced

Sewn Design Size:
14 count: 23.14 x 18.57 inches - 588mm x 472mm
18 count: 18.00 x 14.44 inches - 457mm x 367mm
20 count: 16.20 x 13.00 inches - 411mm x 330mm
22 count: 14.73 x 11.82 inches - 374mm x 300mm

Fabric size necessary for design:
Add six inches to both length and width (3" on each side)

Number of floss colors:
66 (DMC cotton floss) No blended colors.

Become a member of the Serenity Stitchworks Community and receive tips, tricks, fun facts and free cross stitch patterns. Go to **www.SerenityStitchworks.com** and sign up today.

Instructions for Advanced Fine-Art Cross Stitch

You have in your hands (or on your computer screen) what is referred to as an "advanced fine-art cross stitch" project. Unlike individual objects in a cross stitch design such as flowers, teddy bears, hearts, etc., you will be covering the entire canvas with stitches. You are painting with thread!

The following instructions will give you advice on the best methods to use in completing this type of design. Have fun with it – the type of stitch you will use is simple and is the same as one would use in any cross stitch project.

1. When you purchase the fabric for your project, allow a minimum of 3 extra inches on all four sides of the pattern. For example, if your finished design is 12" x 14" you would purchase an 18" x 20" piece of fabric. Finish the edges of the piece with either a serging stitch, zig zag stitch or masking tape. This will prevent the fabric from raveling.

2. The next and VERY IMPORTANT step is to mark grid lines on your fabric. Mark the grid lines to match the grid lines of the pattern. These designs are created with ten stitches per square in the grid of the pattern – both vertically and horizontally.

The best product we have found to mark the grid lines is the "Easy-Count Guideline." It will not disappear as you put your stitches in and will remain on top of your stitches. And, it will save you hours of time. If you cannot find this in your local needlework shop, you can order it online.

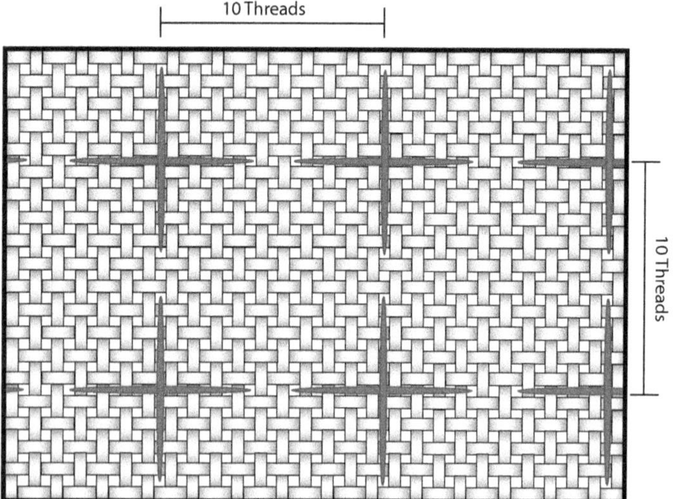

3. Purchase all the floss you will need before you begin, wind the floss on floss bobbins (don't stretch the floss) and put the floss number on each bobbin. Arrange the floss bobbins numerically in a bobbin case and put only the floss used in the design in the box. Not only will you get to see the whole array of colors you will use in your design, you will also have all of the floss there so you won't have to stop in the middle of your design to pick up a needed color.

4. We recommend using a hoop, but if you prefer stitching without one that's okay too. We have found the "Morgan No-Slip Hoop" to be the best. It has a patented tongue-in-groove design that holds the fabric firmly in place with a long enough screw to allow the needed expansion. It also doesn't leave as much of an imprint on your fabric – don't know exactly why, but think it is probably because of the tongue-in-groove design. If you cannot find this product in your local needlework shop, you can order it online.

You may want to try our "Reverse Hoop Method" where you put the outer ring of your hoop on the back side of your fabric and the inner ring on the top. It takes a bit getting used to, but it will keep your piece cleaner, you will be able to start and stop with your thread right up to the edge of the hoop, and the right side of your stitches will not have the stress as you put your piece in the hoop.

5. Now you are ready to begin stitching. Make sure your hands are clean whenever you work with your project.

Begin in the upper left-hand corner of the design and work either vertically or horizontally as you complete your stitches. To begin stitching, thread your needle with 2 strands of floss for stitch counts of 14 to 20 stitches per inch. If you are using a canvas with a higher stitch count (25 stitches per inch and up) and you are stitching over one thread, you will use 1 strand of floss.

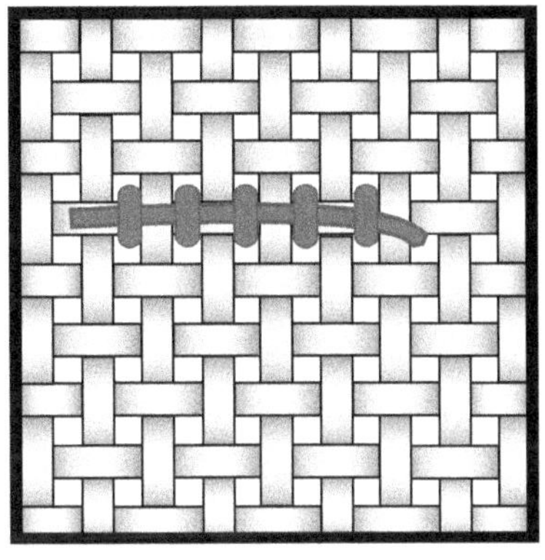

When making your first few stitches, leave a 2 cm tail at the back of your work. Hold this tail so that your first few stitches are worked over it. This secures your thread. Never tie a knot in your thread. See how this is done in the diagram. As your project progresses, you will be able to anchor your thread on the back side of the already completed stitches.

6. Cross stitch is worked in even, slanted stitches as you will see in the diagram. The stitches used to make a cross stitch are usually done diagonally from left to right, laying down the first half of the cross and then back from right to left to complete the cross. See diagram.

All the stitches MUST be completed the same way (the first stitch of the cross always in the same direction and the second stitch of the cross always in the same direction) – this is very important – if you don't make the stitches consistent, your project will not look beautiful as you had planned.

When stitching, keep the tension of your thread even and do not pull too tight – just tight enough for the thread to lie evenly on the fabric.

7. When doing an advanced fine-art design such as this, it is recommended that you complete each square before moving unto the next. By doing this, the second half of the stitch will always be completed and not accidentally forgotten, and you will have a firmer finished product.

8. Use the "stab" or the "push and pull" method for doing your cross stitches. We do not recommend the "sewing method," which is done by the needle going in the front of the fabric, out the back and into the front again in one motion. The reason for this is that it would have to be done without a hoop, and the stitches become uneven. Also, with this type of a design (advanced fine-art), floss colors change frequently with just a few stitches done in a particular color.

Skein Conversion Chart

Use this chart if you are using a thread count smaller or larger than 18 count to determine how much floss you will need.

Fabric Count	500 stitches	1,000 stitches	2,000 stitches	3,000 stitches	4,000 stitches	5,000 stitches	6,000 stitches	7,000 stitches	8,000 stitches	9,000 stitches	10,000 stitches
11 count Aida - 4 strands	3/4	1 1/2	3	4 1/2	5 3/4	7 1/4	8 3/4	10	11 1/2	13	14 1/2
14 count Aida - 3 strands	1/2	1	1 3/4	3	3 1/2	4 1/4	5 1/4	6	6 3/4	7 3/4	8 1/2
16 count Aida - 2 strands	3/4	1/2	1	1 1/2	2	2 1/2	3	3 1/2	4	4 1/2	5
18 count Aida - 2 strands	1/4	1/2	1	1 1/2	1 3/4	2 1/4	2 3/4	3 1/4	3 1/2	4	4 1/2
20 Count Aida - 1 strand	1/4	1/2	1	1 1/4	1 3/4	2	2 1/2	2 3/4	3 1/4	3 3/4	4
22 count Hardanger - 1 strand	1/4	1/2	3/4	1 1/4	1 1/2	2	2 1/4	2 1/2	3	3 1/4	3 3/4

Number of skeins.

Key

Position	Symbol	Cat. No.	Brand	Type	Stitches	Skeins
1	A	ECRU	D.M.C.	Stranded Cotton	285	0.2
2	B	160	D.M.C.	Stranded Cotton	439	0.2
3	C	161	D.M.C.	Stranded Cotton	935	0.4
4	D	163	D.M.C.	Stranded Cotton	565	0.3
5	E	169	D.M.C.	Stranded Cotton	779	0.4
6	F	310	D.M.C.	Stranded Cotton	397	0.2
7	■	312	D.M.C.	Stranded Cotton	477	0.2
8	✕	320	D.M.C.	Stranded Cotton	400	0.2
9	▲	322	D.M.C.	Stranded Cotton	602	0.3
10	Ⅳ	334	D.M.C.	Stranded Cotton	2985	1.3
11	★	367	D.M.C.	Stranded Cotton	612	0.3
12	▲	369	D.M.C.	Stranded Cotton	288	0.2
13	−	372	D.M.C.	Stranded Cotton	1410	0.6
14	⊘	472	D.M.C.	Stranded Cotton	525	0.3
15	✳	500	D.M.C.	Stranded Cotton	1399	0.6
16	⊠	501	D.M.C.	Stranded Cotton	1082	0.5
17	◗	502	D.M.C.	Stranded Cotton	703	0.3
18	◆	503	D.M.C.	Stranded Cotton	764	0.4
19	H	518	D.M.C.	Stranded Cotton	5303	2.3
20	I	519	D.M.C.	Stranded Cotton	2651	1.2
21	J	520	D.M.C.	Stranded Cotton	814	0.4
22	K	522	D.M.C.	Stranded Cotton	933	0.4
23	L	524	D.M.C.	Stranded Cotton	1151	0.5
24	M	535	D.M.C.	Stranded Cotton	404	0.2
25	●	597	D.M.C.	Stranded Cotton	13972	5.9
26	#	598	D.M.C.	Stranded Cotton	526	0.3
27	⊡	611	D.M.C.	Stranded Cotton	359	0.2
28	▲	640	D.M.C.	Stranded Cotton	334	0.2
29	≡	642	D.M.C.	Stranded Cotton	289	0.2
30	♥	644	D.M.C.	Stranded Cotton	787	0.4
31	∷	645	D.M.C.	Stranded Cotton	1016	0.5
32	✚	677	D.M.C.	Stranded Cotton	586	0.3
33	⬆	739	D.M.C.	Stranded Cotton	215	0.1
34	ǂ	746	D.M.C.	Stranded Cotton	312	0.2
35	Y	772	D.M.C.	Stranded Cotton	461	0.2
36	◎	799	D.M.C.	Stranded Cotton	1166	0.5
37	N	807	D.M.C.	Stranded Cotton	803	0.4
38	O	813	D.M.C.	Stranded Cotton	9696	4.1
39	P	822	D.M.C.	Stranded Cotton	577	0.3
40	Q	823	D.M.C.	Stranded Cotton	413	0.2
41	R	844	D.M.C.	Stranded Cotton	384	0.2
42	S	924	D.M.C.	Stranded Cotton	819	0.4
43	⇉	926	D.M.C.	Stranded Cotton	1351	0.6

<u>Key</u>

Position	Symbol	Cat. No.	Brand	Type	Stitches	Skeins
44		930	D.M.C.	Stranded Cotton	590	0.3
45		931	D.M.C.	Stranded Cotton	2217	1.0
46		932	D.M.C.	Stranded Cotton	1657	0.7
47	Σ	934	D.M.C.	Stranded Cotton	543	0.3
48		935	D.M.C.	Stranded Cotton	497	0.3
49		3012	D.M.C.	Stranded Cotton	576	0.3
50	$	3022	D.M.C.	Stranded Cotton	346	0.2
51	Ψ	3046	D.M.C.	Stranded Cotton	474	0.2
52		3047	D.M.C.	Stranded Cotton	1158	0.5
53		3051	D.M.C.	Stranded Cotton	241	0.2
54	Ω	3052	D.M.C.	Stranded Cotton	889	0.4
55	T	3053	D.M.C.	Stranded Cotton	856	0.4
56	U	3363	D.M.C.	Stranded Cotton	1177	0.5
57	V	3364	D.M.C.	Stranded Cotton	876	0.4
58	W	3760	D.M.C.	Stranded Cotton	413	0.2
59	X	3766	D.M.C.	Stranded Cotton	2537	1.1
60	Y	3768	D.M.C.	Stranded Cotton	2377	1.0
61		3787	D.M.C.	Stranded Cotton	601	0.3
62	XI	3810	D.M.C.	Stranded Cotton	3090	1.3
63		3813	D.M.C.	Stranded Cotton	634	0.3
64		3823	D.M.C.	Stranded Cotton	356	0.2
65		3848	D.M.C.	Stranded Cotton	793	0.4
66		3849	D.M.C.	Stranded Cotton	1373	0.6

Regular Print Chart

Overview

Fabric: Aida White

Stitch Count: 71/100mm   or   18.0/inch

Chart Size: 324 x 260 Stitches

Finished Size: 457 x 367 mm   or   18.0 x 14.4 inch

Fabric Size: 607 x 517 mm   or   23.9 x 20.3 inch

Stitch Style: Cross stitch - 2 strands

Below is a plan showing how the chart pages fit together.
The page number is shown at the top left of each chart page.

A:1	B:1	C:1	D:1	E:1	F:1	G:1
A:2	B:2	C:2	D:2	E:2	F:2	G:2
A:3	B:3	C:3	D:3	E:3	F:3	G:3
A:4	B:4	C:4	D:4	E:4	F:4	G:4
A:5	B:5	C:5	D:5	E:5	F:5	G:5

Branches with Almonds - Regular Print

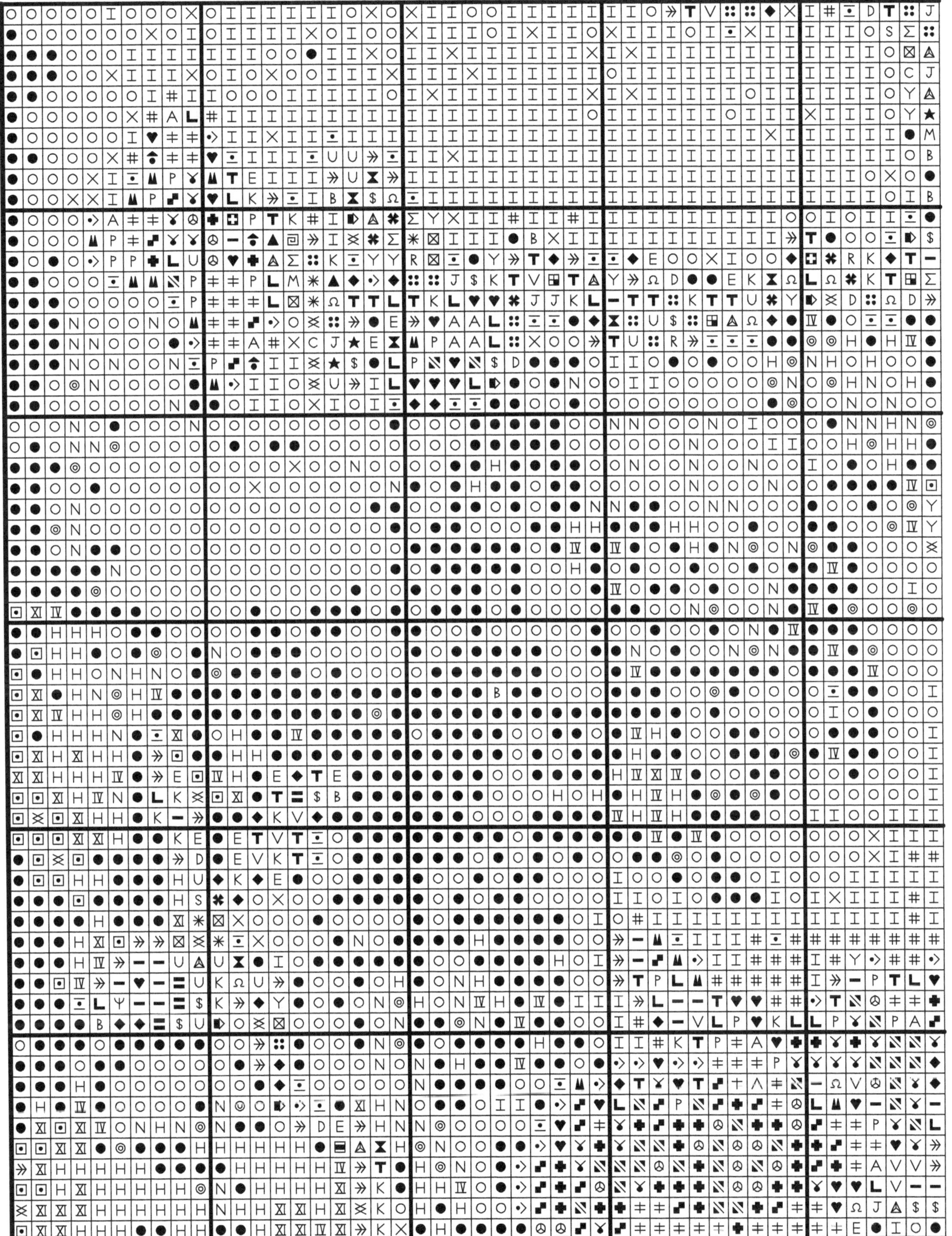

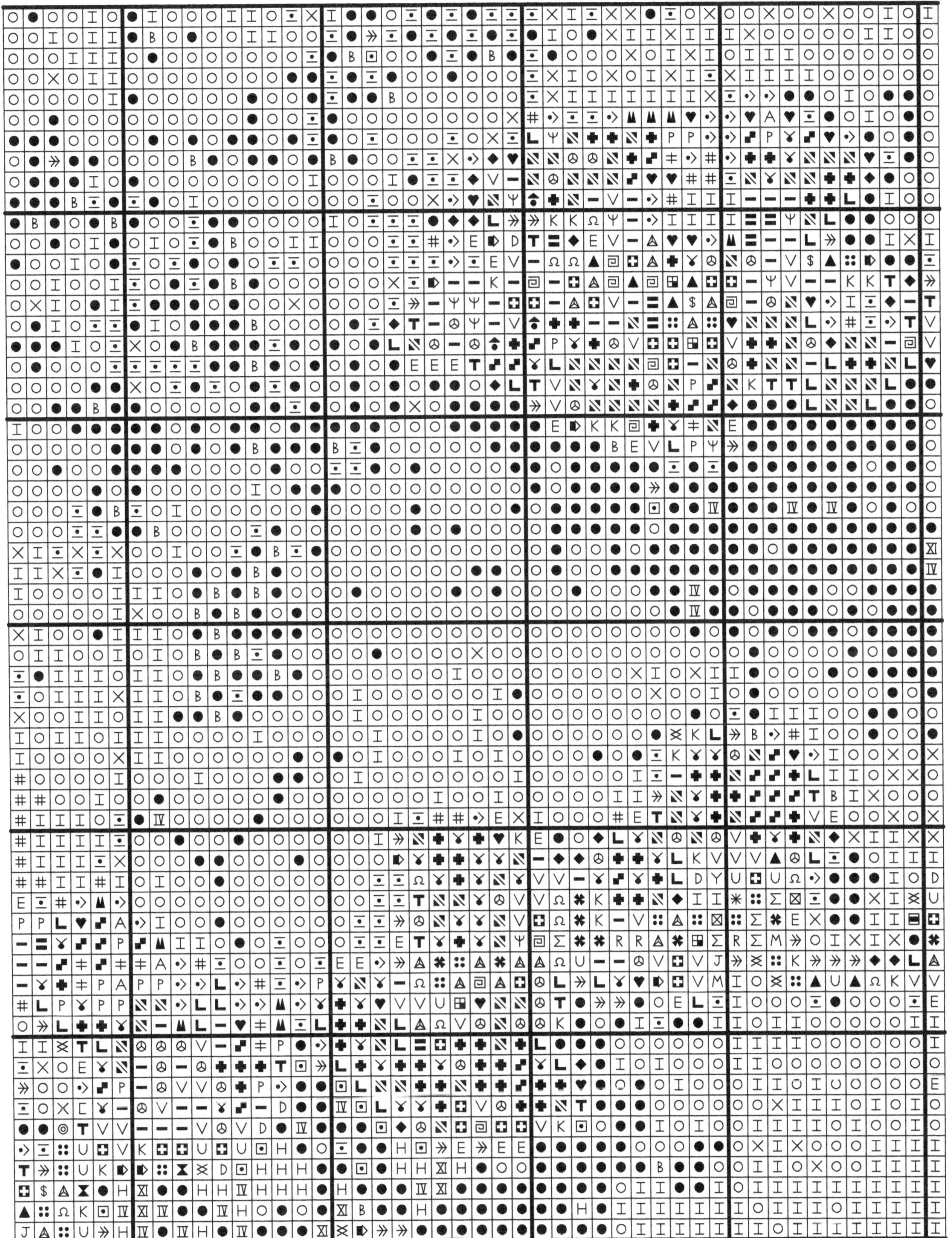

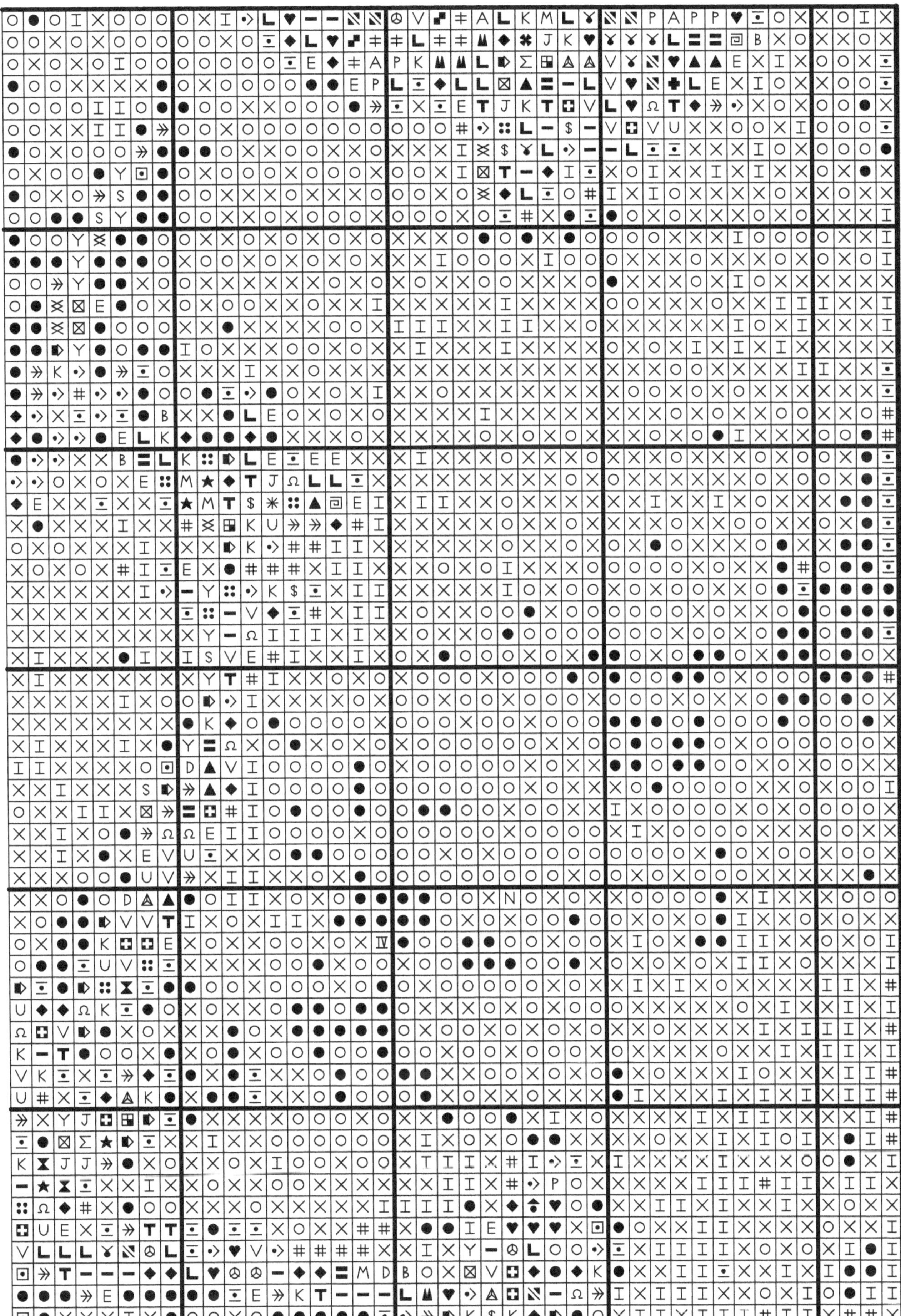

Branches with Almonds - Regular Print

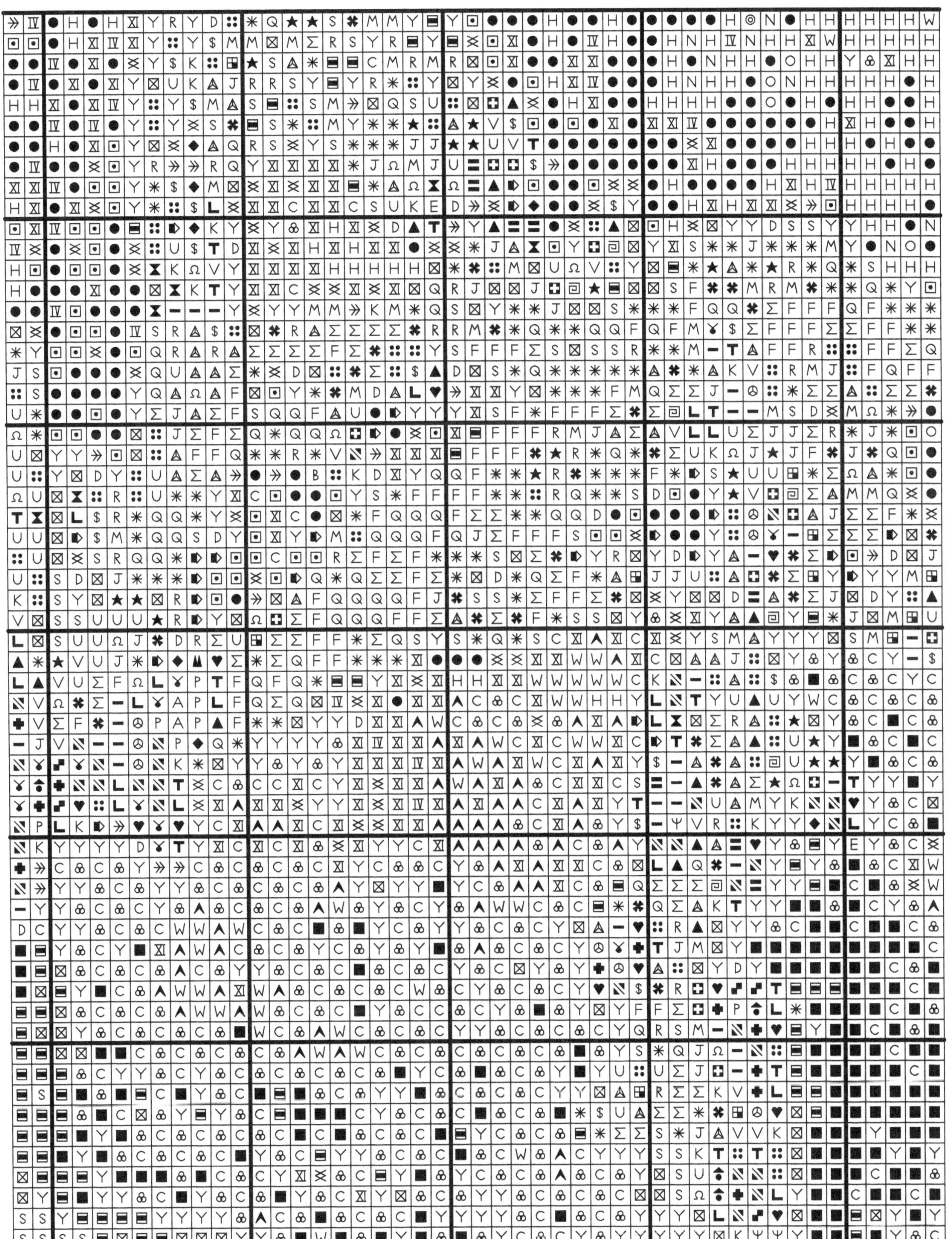

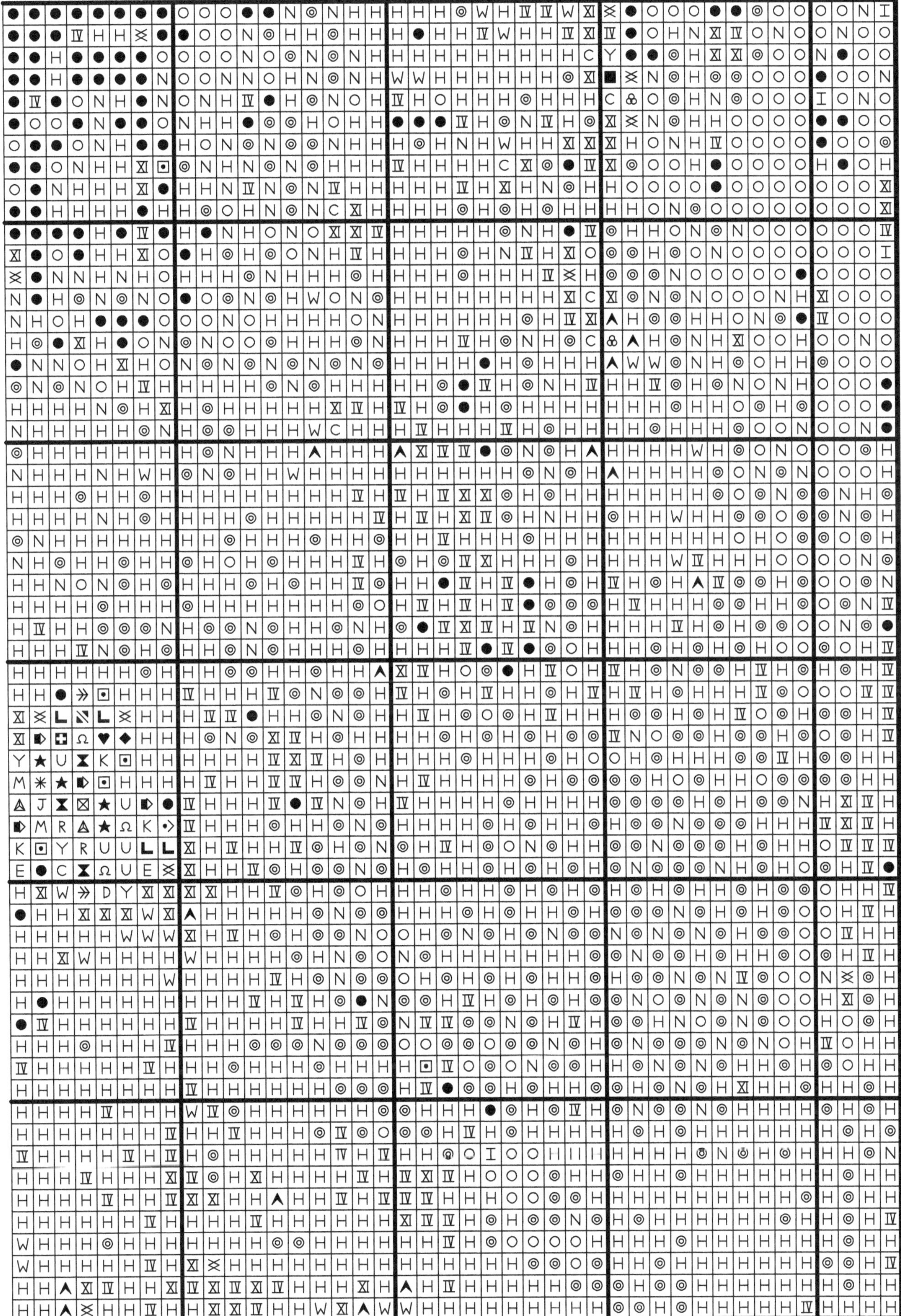

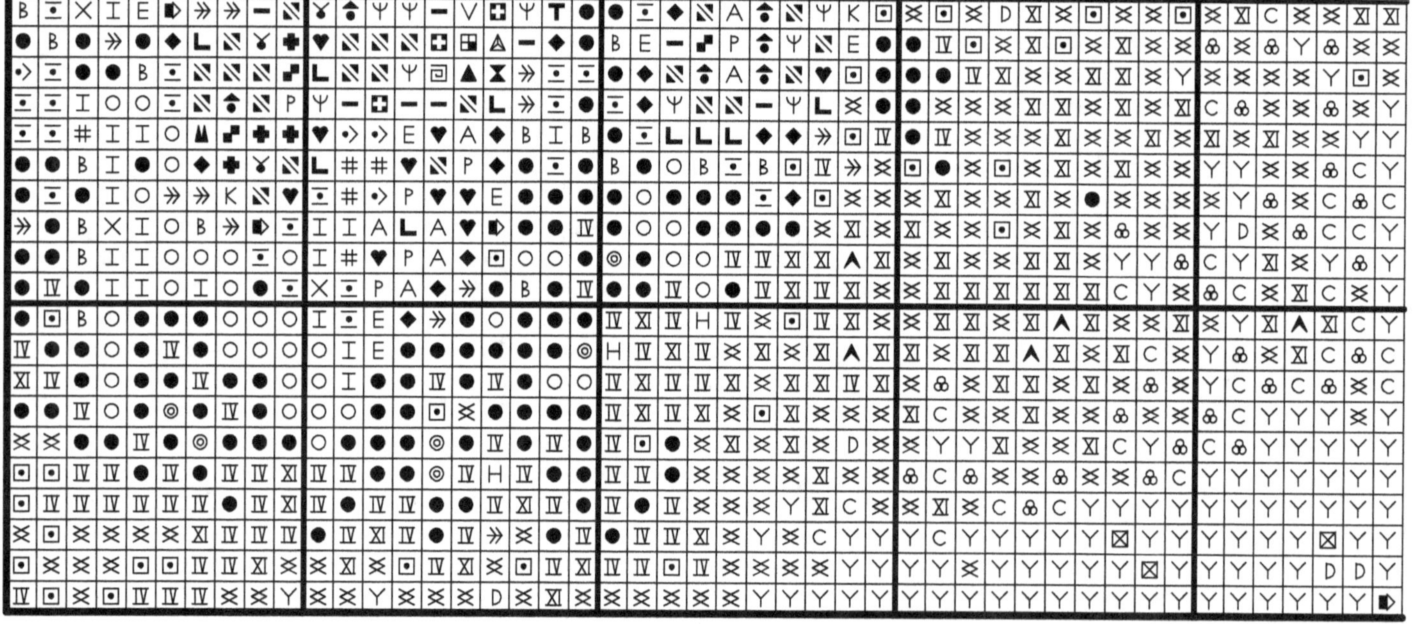

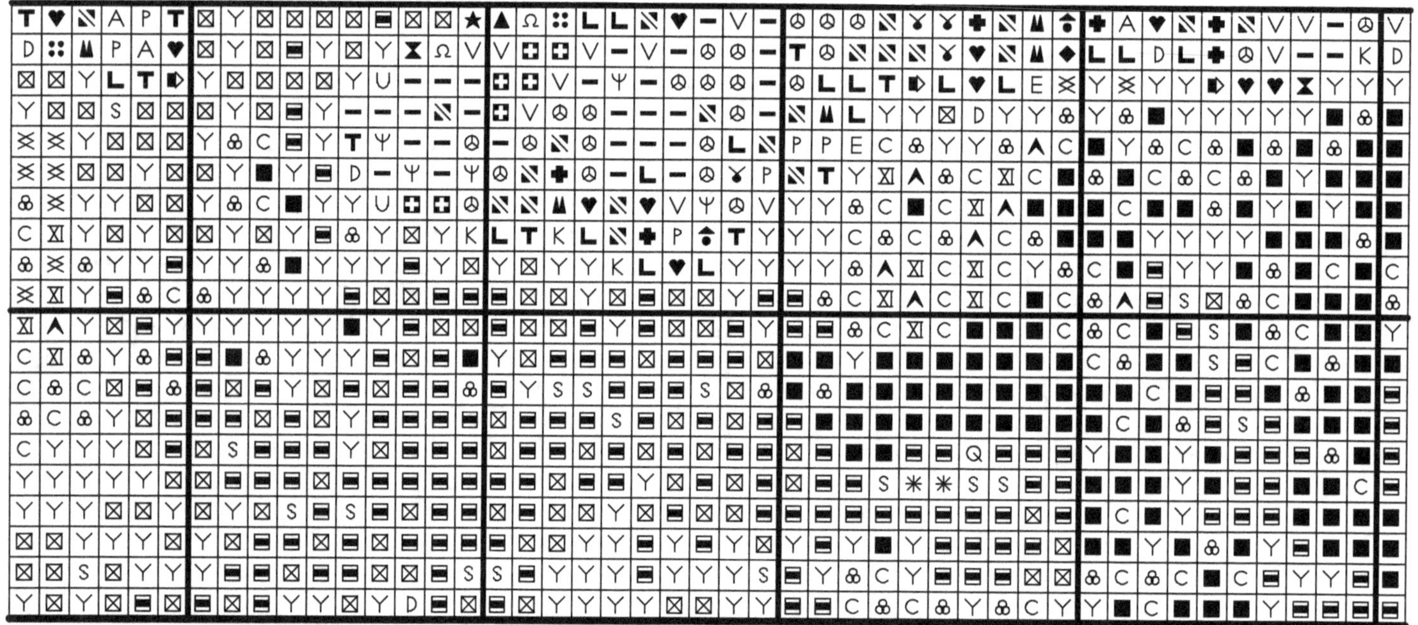

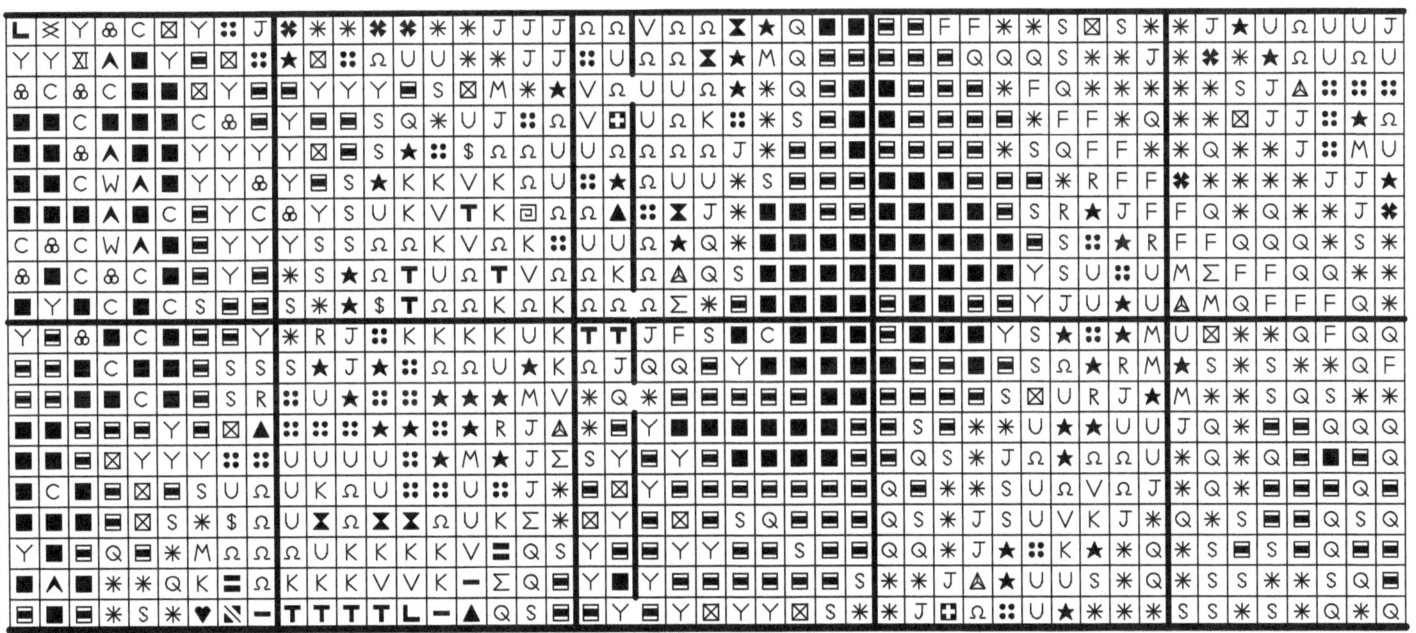

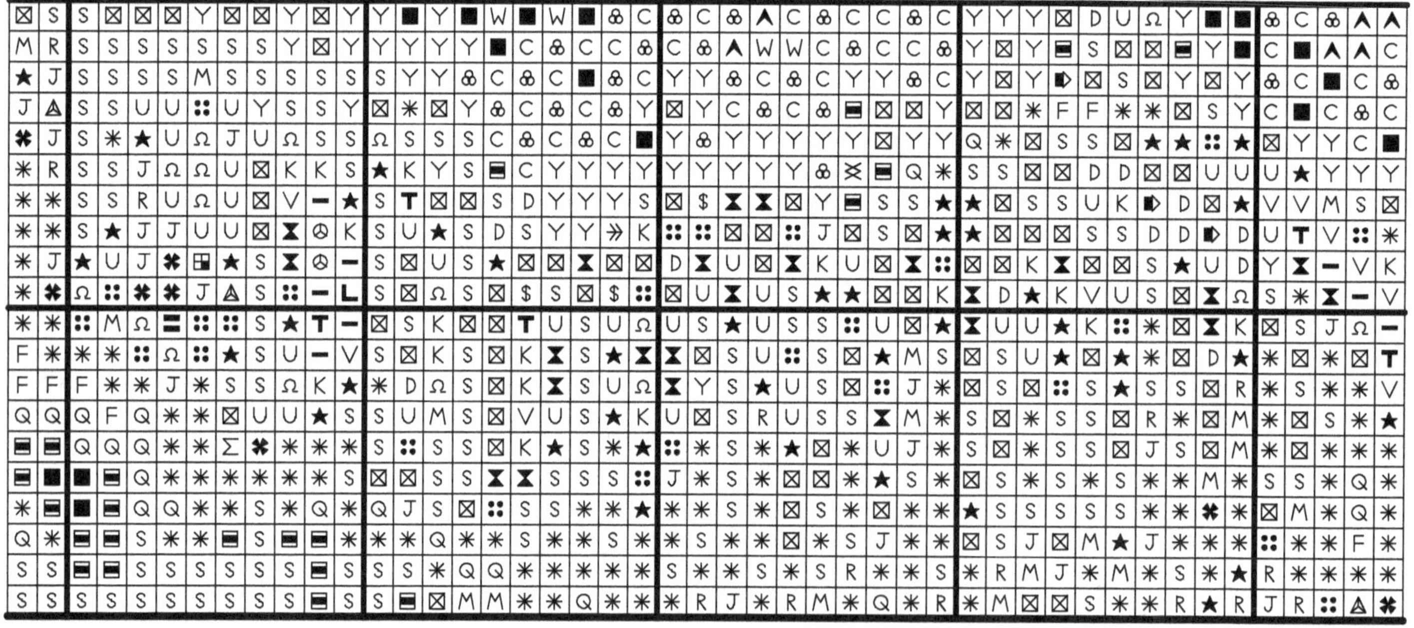

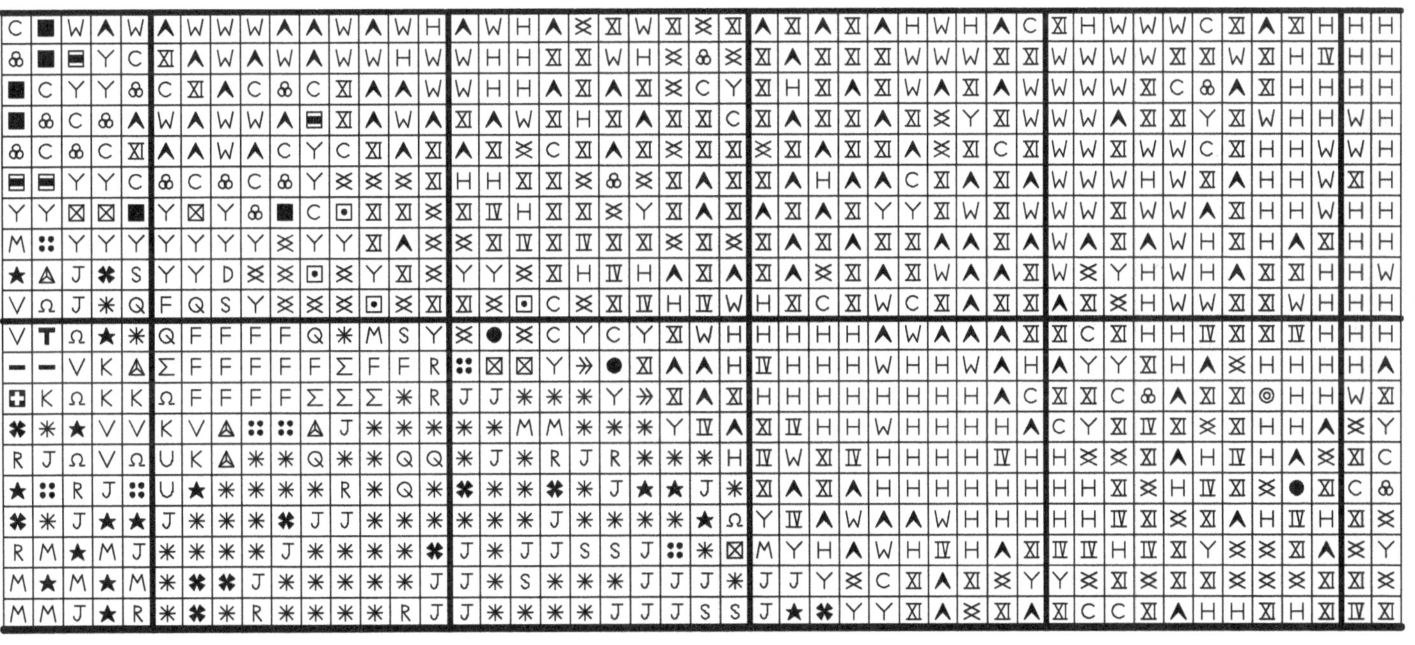

Notes

Large Print Chart

Overview

Fabric: Aida White

Stitch Count: 71/100mm   or   18.0/inch

Chart Size: 324 x 260 Stitches

Finished Size: 457 x 367 mm   or   18.0 x 14.4 inch

Fabric Size: 607 x 517 mm   or   23.9 x 20.3 inch

Stitch Style: Cross stitch - 2 strands

Below is a plan showing how the chart pages fit together.
The page number is shown at the top left of each chart page.

A:1	B:1	C:1	D:1	E:1	F:1	G:1	H:1	I:1	J:1
A:2	B:2	C:2	D:2	E:2	F:2	G:2	H:2	I:2	J:2
A:3	B:3	C:3	D:3	E:3	F:3	G:3	H:3	I:3	J:3
A:4	B:4	C:4	D:4	E:4	F:4	G:4	H:4	I:4	J:4
A:5	B:5	C:5	D:5	E:5	F:5	G:5	H:5	I:5	J:5
A:6	B:6	C:6	D:6	E:6	F:6	G:6	H:6	I:6	J:6

Branches with Almonds - Large Print

1	2	3	4	5	6	7	8	9	10	11	12	13	14	15	16	17	18
O	O	O	O	O	O	O	X	O	O	X	O	●	●	O	●	●	⊡
X	O	X	●	●	O	X	O	●	●	O	X	●	●	O	●	O	X
O	O	●	O	●	O	O	●	●	O	X	O	O	O	●	●	●	#
O	O	O	X	O	O	O	X	O	X	X	O	●	●	O	●	O	X
X	O	O	O	●	●	●	O	●	O	O	O	●	O	O	O	●	X
O	X	X	O	O	●	O	●	●	O	X	O	O	O	O	O	O	X
X	O	X	X	●	●	O	●	●	O	O	X	O	X	O	O	X	X
X	O	X	X	X	O	●	O	O	O	O	X	X	O	X	O	O	I
O	O	X	X	I	X	O	O	O	O	O	X	O	X	O	O	O	X
O	O	O	O	X	I	X	O	O	O	O	X	X	X	O	O	X	X
O	O	O	O	O	O	O	O	X	●	O	X	O	O	X	X	●	X
O	O	X	O	O	X	O	X	O	O	O	X	X	X	O	O	X	X
O	X	O	X	X	O	O	O	O	X	O	X	X	X	X	O	X	X
O	O	●	O	O	X	O	O	O	●	X	I	X	X	X	O	O	O
O	X	O	O	O	O	X	O	X	O	●	I	X	X	O	X	O	X
O	O	●	X	X	X	I	O	X	●	●	I	I	X	O	X	O	I
O	X	O	X	X	O	X	O	X	O	X	I	I	X	X	X	X	I
O	X	O	O	O	X	I	X	I	X	O	X	X	X	I	I	X	#
X	O	X	O	O	O	X	X	X	X	X	O	X	I	X	I	X	I
O	O	O	X	X	X	X	O	X	X	X	X	I	X	I	I	X	#
X	O	X	O	O	O	X	X	X	X	O	X	X	I	I	I	X	I
O	X	X	X	I	X	I	X	X	X	I	X	X	I	X	I	I	#
X	I	X	O	●	X	O	X	X	X	I	O	X	X	X	I	I	#
●	●	X	X	●	I	X	X	X	I	X	I	X	I	X	I	I	#
I	·>	⊟	X	X	X	X	X	I	X	I	I	X	X	X	X	I	#
·>	P	O	X	X	X	O	X	X	I	X	I	O	I	X	●	I	#
⬆	♥	O	●	I	X	X	X	X	I	X	X	X	X	O	●	X	I
♥	♥	X	⊡	X	X	X	X	X	I	I	I	#	I	X	I	I	X
L	O	O	·>	⊟	X	I	I	I	I	X	O	X	O	X	I	●	I
◆	●	◆	K	●	X	X	I	I	⊟	X	X	I	X	I	●	●	I
◣	─	Ω	⇻	I	X	I	I	I	X	X	O	X	I	O	●	I	I
◆	▶	●	O	X	I	I	X	I	I	I	#	I	I	X	#	#	X
X	I	I	X	X	I	I	I	X	I	#	#	#	I	⊟	#	#	I
X	X	I	X	O	X	I	I	I	I	I	I	#	X	I	#	#	#
●	X	X	I	X	O	I	I	I	I	I	I	I	I	I	#	#	I
O	X	X	X	X	I	#	I	X	I	I	I	I	I	X	#	#	I
X	X	O	⊟	⊟	X	I	X	X	I	I	●	I	I	X	#	#	I
X	X	●	X	X	X	X	X	O	X	X	X	I	X	X	#	#	I
X	O	X	X	X	O	O	X	X	O	I	X	I	X	I	I	#	I
X	O	X	O	X	O	X	O	O	X	X	X	I	O	X	#	I	I
O	X	X	O	O	X	O	O	X	I	X	O	X	O	X	#	X	X
●	I	O	●	●	O	O	X	I	X	O	O	O	I	I	I	X	O
O	O	●	●	O	O	X	X	X	O	O	●	O	I	I	I	I	O
O	O	●	O	●	●	O	X	O	X	O	O	X	I	X	I	X	X

O	●	O	O	●	O	O	O	O	N	O	N	N	O	◉	●	●	◉
●	O	●	O	O	●	O	O	N	◉	O	◉	N	O	N	●	IV	O
XI	●	●	O	●	N	O	O	O	N	◉	N	O	O	O	O	●	●
H	W	XI	XI	●	H	O	O	O	N	O	●	O	O	O	O	●	O
IV	IV	W	XI	✕	●	O	O	O	●	●	◉	O	O	O	O	N	I
H	H	IV	XI	IV	●	O	H	N	XI	IV	O	N	O	O	N	O	O
H	H	H	C	Y	●	●	◉	H	XI	XI	◉	O	O	N	●	O	O
H	H	◉	XI	■	✕	N	◉	H	◉	◉	O	O	O	●	O	O	N
◉	H	H	H	C	⅋	O	◉	H	N	◉	O	O	O	I	O	N	O
N	IV	H	◉	XI	✕	N	◉	H	H	O	O	O	O	●	●	O	O
H	H	XI	XI	XI	H	O	N	H	IV	O	O	O	O	●	O	O	◉
XI	◉	●	IV	XI	◉	O	O	H	●	O	O	O	O	H	●	O	H
H	N	◉	H	H	O	O	O	O	●	O	O	O	O	O	O	O	XI
H	◉	H	H	H	H	O	N	◉	O	O	O	O	O	O	O	O	XI
N	H	●	IV	◉	H	H	O	N	◉	N	O	O	O	O	O	O	IV
IV	H	XI	O	◉	◉	H	◉	O	N	O	O	O	O	O	O	O	I
H	IV	✕	H	◉	◉	◉	N	O	O	O	O	O	●	O	O	O	O
H	H	XI	C	XI	◉	N	◉	N	O	O	O	N	H	XI	O	O	O
◉	H	IV	XI	▲	H	◉	◉	H	H	O	N	◉	●	IV	O	O	O
N	H	◉	C	⅋	▲	H	◉	N	H	XI	O	O	H	O	O	N	O
◉	H	H	H	▲	W	W	◉	N	H	◉	O	H	H	◉	O	O	O
◉	N	H	IV	H	H	IV	◉	H	◉	N	O	N	H	O	O	O	●
H	H	H	H	H	H	H	◉	H	H	O	◉	H	◉	O	O	O	●
H	◉	H	H	H	H	◉	H	H	H	◉	O	O	N	O	O	N	●
N	◉	H	▲	H	H	H	H	W	H	◉	O	N	O	O	O	◉	H
◉	N	◉	H	▲	H	H	H	H	◉	O	N	◉	N	O	O	O	H
H	◉	H	H	H	H	H	H	H	◉	O	◉	N	◉	◉	N	H	◉
H	N	H	H	◉	H	H	W	H	H	◉	◉	O	◉	◉	N	◉	H
◉	H	H	H	H	H	H	H	H	H	O	H	O	◉	◉	O	◉	H
H	H	◉	H	H	H	H	H	W	IV	H	H	H	◉	O	O	N	◉
●	H	◉	H	IV	H	◉	H	▲	IV	◉	◉	H	◉	O	O	◉	N
●	◉	◉	◉	H	IV	H	H	H	◉	◉	H	H	◉	O	O	N	IV
IV	N	◉	H	H	H	H	IV	H	◉	H	◉	◉	O	O	N	◉	●
●	◉	O	H	H	H	◉	H	◉	H	◉	H	O	O	◉	O	H	IV
H	IV	O	H	IV	H	◉	N	◉	◉	H	IV	H	◉	H	◉	H	IV
H	◉	H	IV	H	IV	H	◉	H	H	H	IV	◉	O	O	O	IV	IV
H	IV	H	H	H	◉	◉	H	◉	H	IV	O	◉	H	◉	◉	H	IV
◉	H	◉	◉	IV	N	O	◉	◉	H	◉	◉	H	◉	O	◉	H	IV
H	◉	H	O	O	H	◉	H	H	H	◉	◉	IV	H	◉	◉	H	H
◉	H	◉	◉	◉	◉	H	O	◉	H	H	O	◉	◉	◉	◉	H	H
H	H	H	H	◉	◉	◉	◉	H	◉	H	◉	◉	N	H	XI	IV	H
◉	H	H	◉	H	◉	◉	N	◉	◉	◉	H	H	H	IV	XI	IV	H
N	◉	H	H	◉	◉	N	◉	◉	◉	H	◉	H	H	O	IV	IV	IV
◉	H	◉	H	◉	N	◉	◉	◉	N	H	◉	H	O	◉	H	IV	●

www.ingramcontent.com/pod-product-compliance
Lightning Source LLC
Chambersburg PA
CBHW080029260726

48658CB00007B/2528